BEI GRIN MACHT SICH IHR WISSEN BEZAHLT

- Wir veröffentlichen Ihre Hausarbeit, Bachelor- und Masterarbeit

- Ihr eigenes eBook und Buch - weltweit in allen wichtigen Shops

- Verdienen Sie an jedem Verkauf

Jetzt bei www.GRIN.com hochladen
und kostenlos publizieren

Bibliografische Information der Deutschen Nationalbibliothek:

Die Deutsche Bibliothek verzeichnet diese Publikation in der Deutschen National-
bibliografie; detaillierte bibliografische Daten sind im Internet über http://dnb.d-
nb.de/ abrufbar.

Impressum:

Copyright © 2001 GRIN Verlag, Open Publishing GmbH
Druck und Bindung: Books on Demand GmbH, Norderstedt Germany
ISBN: 9783656202455

Dieses Buch bei GRIN:

http://www.grin.com/de/e-book/12569/das-verstaendnis-von-lebenswelt-bei-juergen-
habermas

Markus Raschke

Das Verständnis von Lebenswelt bei Jürgen Habermas

GRIN Verlag

GRIN - Your knowledge has value

Der GRIN Verlag publiziert seit 1998 wissenschaftliche Arbeiten von Studenten, Hochschullehrern und anderen Akademikern als eBook und gedrucktes Buch. Die Verlagswebsite www.grin.com ist die ideale Plattform zur Veröffentlichung von Hausarbeiten, Abschlussarbeiten, wissenschaftlichen Aufsätzen, Dissertationen und Fachbüchern.

Besuchen Sie uns im Internet:

http://www.grin.com/

http://www.facebook.com/grincom

http://www.twitter.com/grin_com

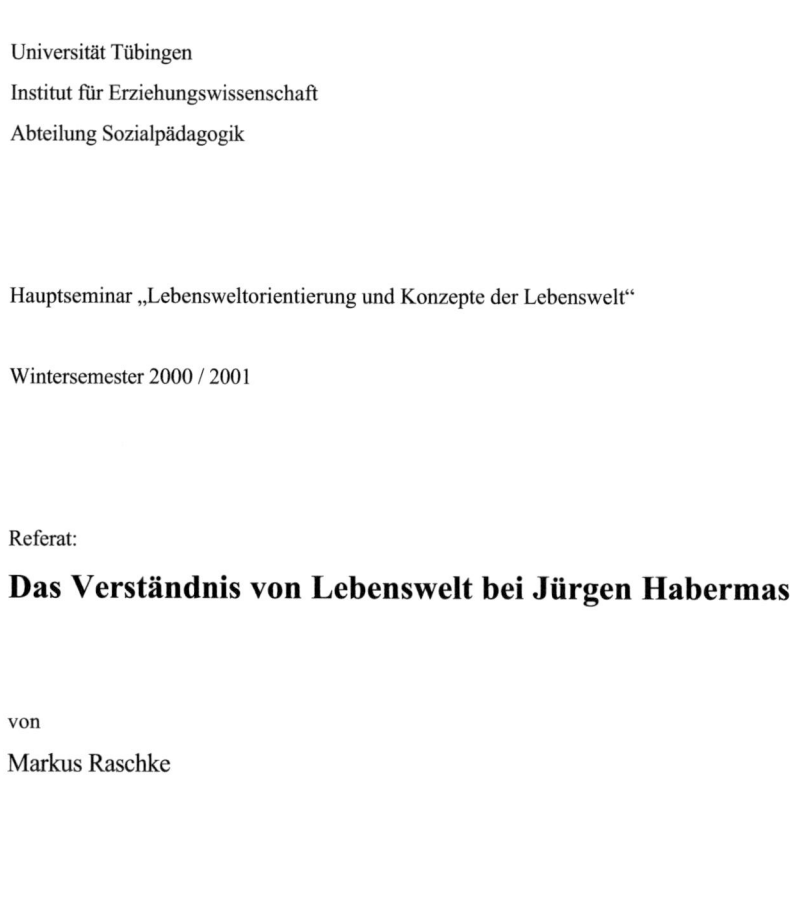

Universität Tübingen

Institut für Erziehungswissenschaft

Abteilung Sozialpädagogik

Hauptseminar „Lebensweltorientierung und Konzepte der Lebenswelt"

Wintersemester 2000 / 2001

Referat:

Das Verständnis von Lebenswelt bei Jürgen Habermas

von

Markus Raschke

1.   Die Lebenswelt-Frage bei Jürgen Habermas

Es geht mir im Referat wesentlich um eine Darstellung des Lebenswelt-Verständnisses von Jürgen Habermas, welches natürlich nicht abgetrennt von seiner Polarisierung in System und Lebenswelt behandelt werden kann, wobei das Augenmerk vor allem auf die Lebenswelt gerichtet werden soll. Die folgenden Ausführungen sind ein zunächst unkritisches, aber unverkürztes „Konzentrat" der Argumentation des Autors in der Zwischenbetrachtung System und Lebenswelt im zweiten Band der Theorie des kommunikativen Handelns (S. 173-293)

Jürgen Habermas nimmt zunächst eine Fragestellung von Emile Durkheim auf, welche die gesamte Auseinandersetzung zum Themenkomplex System und Lebenswelt grundlegt und durchzieht. Demzufolge ist es Durkheims Theorie der gesellschaftlichen Arbeitsteilung, die „den Blick auf empirische Zusammenhänge zwischen Stufen der Systemdifferenzierung und Formen der sozialen Integration"[1] lenkt. In indirektem Rückgriff auf seine zuvor im ersten Band der Theorie des kommunikativen Handelns dargelegten Ausführungen zur Handlungs-theorie präzisiert Habermas daraufhin seine eigene Perspektive und Herangehensweise der so gestellten Aufgabe:

> „Die Analyse dieser Zusammanhänge ist nur möglich, wenn wir die Mechanismen der Handlungskoordinierung, die die *Handlungsorientierungen* der Beteiligten aufeinander abstimmen, von Mechanismen unterscheiden, die nicht-intendierte Handlungszusammenhänge über die funktionale Vernetzung von *Handlungsfolgen* stabilisieren. [...] Die Unterscheidung zwischen einer *sozialen*, an den Handlungsorientierungen ansetzenden, und einer *systemischen*, durch die Handlungsorientierungen hindurchgreifenden *Integration* der Gesellschaft nötigt zu einer entsprechenden Differenzierung im Begriff der Gesellschaft selber." (S. 179, Hervorhebungen im Original)

Damit wird schon deutlich, welche Zielrichtung Habermas verfolgt: Es geht ihm um die Integration der Gesellschaft, also um Faktoren, welche den gesellschaftlichen Zusammenhalt von Individuen sicherstellen. Systemische wie soziale Integration sind dabei zwei Seiten des Handelns als *der* Grundlage schlechthin. Dies ist zu betonen, da leicht die Gefahr besteht,

---

[1]   Habermas, J.: Theorie des kommunikativen Handelns Bd. 2 ([1]1981, 1995), S. 179.

systemische Integration als starre Mechanismen zu begreifen und sie damit von den Individuen gänzlich abzukoppeln. Wenn auch die Untersuchung Habermas' schließlich in der These der Entkopplung von System und Lebenswelt gipfelt, so darf m.E. diese Ausgangsposition nicht übersehen werden. Zumindest anfänglich (d.h. zu Beginn der empirischen Untersuchung) handelt es sich um zwei Perspektiven auf die Gesellschaft selbst: einerseits nämlich als „Teilnehmerperspektive handelnder Subjekte", welche die Gesellschaft „als *Lebenswelt einer sozialen Gruppe* konzipiert", andererseits als „Beobachterperspektive eines Unbeteiligten", die sie „nur als ein *System von Handlungen*" begreifen kann. (S. 179, Hervorhebungen im Original). Die Fragestellung, der Habermas nun nachzugehen interessiert ist, besteht in den Beziehungen und Zusammenhängen beider Perspektiven. Dabei setzt er als Maßstab, daß das „Konzept der Lebenswelt für Humangesellschaften erst dann *ausreichend* (wäre), wenn jener Semantisierungsvorgang [...] *alle* systemischen Zusammenhänge, in denen die Interaktionen jeweils stehen, in den Horizont der Lebenswelt und damit in das intuitive Wissen der Interaktionsteilnehmer eingeholt hätte." (S. 180, Hervorhebungen im Original). Schließlich geht es Habermas darum, „Gesellschaften *gleichzeitig* als System und Lebenswelt zu konzipieren" (S. 180, Hervorhebung im Original), es geht also insgesamt um eine Gesellschaftstheorie[2], nicht um eine Theorie des Alltags oder der Lebenswelt als solcher. Innerhalb dieses Rahmens ist Habermas' Auseinandersetzung mit „der Lebenswelt" zu verorten; dies aus dem Blick zu verlieren, dürfte Habermas' Anspruch und Thema nicht gerecht werden. Es wird im folgenden - auch wenn das vorliegende Interesse wesentlich auf das Lebenswelt-Konzept gerichtet ist - darum gehen müssen, diesen Horizont immer wieder einzuholen.

1.1. Kommunikatives Handeln als Kontext der Lebenswelt nach Habermas

Der Begriff der Lebenswelt stellt für Habermas „einen Komplementärbegriff zum kommunikativen Handeln" (S. 182) dar, womit die enge Zusammengehörigkeit beider Begriffe bzw. Konzepte - Lebenswelt und kommunikativer Handeln - im Grunde bereits hinlänglich beschrieben ist. Dennoch - oder gerade deshalb - interessiert aber die inhaltliche Füllung eines so angelegten Lebensweltbegriffs, welche im folgenden im Mittelpunkt stehen soll:

---

[2]Vgl. Bd. 1, S. 8f.

3

Habermas beabsichtigt, die Notwendigkeit eines kommunikationstheoretischen Verständnisses von Lebenswelt aufzuweisen. Den Zugang dazu eröffnet die Feststellung, daß im Zentrum der Lebenswelt des Einzelnen die je konkrete Handlungssituation sozusagen 'im Augenblick' steht. Sie ist unbestimmt, d.h. „sie hat einen beweglichen Horizont, weil [bzw. womit?] sie auf die Komplexität der Lebenswelt verweist" (S. 188, Ergänzung von mir, MR). Andersherum gewendet bedeutet dies, daß die Situation als „Ausschnitt aus lebensweltlichen Verweisungszusammenhängen" (S. 187) zu verstehen ist. Habermas versucht also, Lebenswelt zunächst als den unmittelbaren aber eigentlich unbewußten Kontext („Hintergrund") je aktueller Situationen zu fassen, welcher von einem Modus der Trivialität und Fraglosigkeit - eben einer „lebensweltlichen Selbstverständlichkeit" wesentlich gekennzeichnet ist. (S. 188f) Sie bildet quasi ein unthematisches „Reservoir", das nur in der konkreten Situation relevant und daher abgerufen wird.

Dieses Verständnis von Lebenswelt ist zuallerst durch eine bewußtseinsphilosophische Denkweise in der Linie Edmund Husserls inspiriert, kann aber nach Habermas' Dafürhalten auch auf der Ebene kultureller Überlieferung oder eines sprachlich fixierten Wissensvorrates angenommen werden. (Vgl. S. 189f) Mehr noch: Habermas pointiert eine unverwechselbare „transzendentale Stellung" von Kultur und Sprache, insofern sie in keiner Situation von den (Kommunikations-)Teilnehmern - sozusagen „extramundan" - außen vorgelassen werden können. Daher gilt für ihn der Satz „Sprache und Kultur sind für die Lebenswelt selbst konstitutiv." (S. 190) Daraus leitet sich der (im Grunde selbstverständliche) Gedanke ab, daß kommunikatives Handeln einzig innerhalb des Lebenswelt-Horizontes erfolgen kann, wobei dieser Bereich selbst gerade nicht derart artikuliert und formuliert werden kann, wie allgemeine Tatsachen und Vorfälle (S. 192).

An dieser Stelle kommt es Habermas darauf an, daß ein (sozial)phänomenologisches Verständnis von Lebenswelt gerade dieser kommunikationstheoretischen Komponente bedarf, um tatsächlich als solcher seinen Anspruch zu realisieren vermag. Insofern kritisiert er an dem Modell von Schütz / Luckmann, weiterhin wie Husserl an einem „egologischen Bewußtsein" anzusetzen, in welchem „die allgemeinen Strukturen der Lebenswelt als notwendige subjektive Bedingungen der Erfahrung einer konkret ausgestalteten, historisch geprägten sozialen Lebenswelt" (S. 196) erscheinen. Der an Schütz / Luckmann gerichtete Vorwurf lautet dementsprechend, „die Strukturen der Lebenswelt ... in der Spiegelung des subjektiven Erlebens einsamer Aktoren [zu] erfassen" (S. 198), womit Habermas auch die Problematik egologischer bzw. bewußtseinsphilosophischer Positionenzum Ausdruck bringt. Den Grund

4

sieht Habermas darin, daß dadurch Schütz / Luckmann dazu neigten, sogleich von einer intersubjektiv zustandegekommenen Lebenswelt auszugehen, anstatt dieses Zustandekommen auf dem Hintergrund intersubjektiver, kommunikativer Handlungsprozesse selbst zum Thema zu machen. (S. 198) Dabei stellt sich für Habermas nämlich heraus, daß die Konstitution von Lebenswelt aufgrund kommunikativ bewältigter Handlungssituationen einerseits sowie die Deutung und Bewältigung von Handlungssituationen aufgrund des unspezifischen und zugleich selbstverständlichen Wissensvorrates der Lebenswelt („lebensweltlicher Verweisungszusammenhang") andererseits ein sich wechselseitig bedingender und voll-ziehender Prozeß ist. (Vgl. S. 204f). Gerade deshalb plädiert Habermas dafür, eine „kulturalistische Verkürzung des Konzepts der Lebenswelt" (S. 205) zu verhindern bzw. zu berichtigen.

Allerdings: das bisher entwickelte Verständnis von Lebenswelt verbleibt nach Ansicht seines Autors derart in eine Teilnehmerperspektive eingebunden, daß sie als subjektiv verstandener „horizontbildender Kontext von Verständigungsprozessen" einer objektiven Betrachtungs-weise, das heißt „zur Abgrenzung eines sozialwissenschaftlichen Objektbereichs", entzogen bleibt. (S. 205f) Dies vermag stattdessen das „Alltagskonzept der Lebenswelt" zu leisten, welches an zentraler Stelle die alltägliche „Erzählung" von Begebenheiten verortet. Diese narrative Form versteht Habermas als Artikulation „wahrer Geschichten" und insofern als Objektivierung von Vorkommnissen. Diese dient neben anderen vorwiegend pragmatischen Verständigungs- und Koordinationszwecken insbesondere auch der Versicherung über die Zugehörigkeit zu einer bestimmten Lebenswelt und damit einer sozialen Gruppe und komplementär dazu auch der Bildung sozialer und kollektiver Identitäten, d.h der Kollektive und deren Lebenswelten selbst. (Vgl. S. 206) [3] Erzählung stellt demnach das Medium dar, in welchem Lebenswelten letztlich reproduziert werden, ohne daß dabei jemals die Lebenswelt und ihre Strukturen explizit thematisiert werden könnten. Diese Strukturen der Lebenswelt ermittelt Habermas aus den Funktionen, die dieses Medium des kommunikativen Handelns bei näherer Betrachtung erfüllt, nämlich: a) verständigungsorientiert gesehen dient es der „Tradition und Erneuerung kulturellen Wissens", b) handlungsorientiert betrachtet „dient es

---

[3] An dieser Stelle fängt Habermas' Lebenswelt-Konzept an, sich auf „gesellschaftliche Nischen" oder Bereiche zurückzuziehen. Dies beinhaltet eine Tendenz, das Verständnis von Lebenswelt an Gruppen und sozial zusammengehörige Kollektive zu binden. Dies ist der Punkt, an dem m.E. die Argumentation umspringt und letztlich auf eine Dualisierung von Lebenswelt und System hinauslaufen muß.

der sozialen Integration und der Herstellung von Solidarität", c) sozialisatorisch gesehen zielt es auf die „Ausbildung von personalen Identitäten". (S. 208) Diese drei Prozesse „entsprechen die strukturellen Komponenten der Lebenswelt Kultur, Gesellschaft und Person." (S. 209)

Diese Gedanken fasst Habermas folgendermaßen zusammen:

> „Die zum Netz kommunikativer Alltagspraxis verwobenen Interaktionen bilden das Medium, durch das sich Kultur, Gesellschaft und Person reproduzieren." (S. 209)

Habermas betont daher, daß jegliche Lebenswelt-Konzepte und lebenswelt-nahe Entwürfe keine dieser drei strukturellen Komponenten ausblenden dürfe. (S. 210) Wesentlich ist dies insbesondere deshalb, um einem kulturalistisch verkürzten oder einem egologisch-bewußtseinsphilosophisch d.h. sozialisationstheoretisch verengten oder auch gesellschaftstheoretisch einseitigen Begriff von Lebenswelt zu entgehen. (Vgl. S. 210-212) Nur in seiner dreifachen Fächerung kann ein Konzept von Lebenswelt der Komplexität derselben gerecht werden und insofern phänomenologische Richtigkeit beanspruchen. (Vgl. S. 212)

Die weitergehende Untersuchung von Funktionen und Pathologien führt nun zu der Feststellung, „daß jeder dieser Reproduktionsprozesse zur Erhaltung aller Komponenten der Lebenswelt Beiträge leistet" (S. 216). Habermas stellt allerdings an dieser Stelle heraus, daß die Eignung des Lebenswelt-Konzepts als gesellschaftstheoretisches Erklärungsmodell noch zu klären sei, da der Universalitätsanspruch der phänomenologischen Lebensweltanalysen nicht ohne weiteres auf die kommunikationstheoretische Variante übertragen werden könne. Der Anspruch eines universellen Diskurses, in dem aufgrund kommunikativer Handlungen die Gesamtheit der lebensweltlichen Strukturen reproduziert werden müssen, „verweist auf eine idealisierte Lebenswelt" (S. 219), in der nicht mehr aufgrund normativer (moralischer) Urteile, sondern allein aufgrund rational gewonnener Einsichten Verständigung bzw. Einverständnis erlangt wird. So wie Habermas bei seiner Rede von Diskurs zumeist unausgespochen von rationalem Diskurs ausgeht, so läuft sein Lebenswelt-Begriff nun auf eine „rationalisierte Lebenswelt" (S. 219) zu. Die Prozesse dieser Rationalisierung der Lebenswelt sehen für Habermas folgendermaßen aus - sie geben meines Erachtens empirische (!) Sachverhalte wieder, wie sie in soziologischen Untersuchungen durchaus bekannt sind:

- So erfolgt eine strukturelle Differenzierung der Lebenswelt und innerhalb von deren Komponenten beispielsweise im Verhältnis von Kultur und Gesellschaft in der Entkoppelung von Institutionen und Weltbildern, im Verhältnis von Persönlichkeit und Gesellschaft bezüglich der Offenheit oder Unverbindlichkeit zur Herstellung und Sicherung interpersonaler Beziehungen, oder im Verhältnis von Kultur und Persönlichkeit in der zunehmenden Bedeutung von Innovationsfähigkeit für die Erneuerung von Traditionen (Vgl. S. 219).

- Es erfolgt auch eine Trennung von Form und Inhalt, was sich kulturell in der Trennung von Traditionskernen von äußeren Formen und Inhalten zeigt, welche die Konzentration auf formale Elemente wie abstrakte Grundwerte u.a. zur Folge hat. Gesellschaftlich bedeutet es die Abstrahierung von gesellschaftlichen Regelungen von den je unterschiedlicher werdenden konkreten Verwirklichungsformen. Auf der Ebene der Persönlichkeit meint dies die Verlagerung von inhaltlichem Gedankengut hin zu allgemeinen Kompetenzen und Fähigkeiten als identitätsbildendem Faktor.

- Schließlich führt dies zu einem „Reflexivwerden der symbolischen Reproduktion" (S. 219), womit Habermas die Prozesse zunehmend professioneller Bearbeitung der Aufgaben von kultureller Überlieferung, sozialer Integration und individueller Sozialisation und damit der gesamten Reproduktion der Lebenswelt erfaßt.

Rationalisierung in diesem Sinne bedeutet für Habermas aber noch keine effektive Vermeidungsstrategie gegen Störungen der Reproduktion der Lebenswelt, sie bedeutet lediglich einer Verschiebung des Niveaus, auf welchem Störungen möglich sind, erfolgen und bearbeitet werden müssen. (S. 221) Vielmehr macht Habermas im Rückgriff auf Durkheim und die in der Französischen Revolution begründet liegende Kritik der Moderne, welche der Überzeugung ist, „daß die Pathologien der bürgerlichen, überhaupt der posttraditionalen Gesellschaft auf die Rationalisierung der Lebenswelt selber zurückgeführt werden können" (S. 222). Demgegenüber würde die marxistische Kritik grundsätzlich die Rationalisierung der Lebenswelt akzeptieren und deren Verformungen aus deren materiellen Voraussetzungen erklären wollen. Beide Kritiken verlangen daher von einer Theorie der Lebenswelt, daß „die Lebenswelt weder mit der Gesellschaft im ganzen identifiziert, noch auf systemische Zusammenhänge reduziert" (S. 222) wird.

Eine Identifikation von Lebenswelt und Gesellschaft verbietet sich für Habermas nämlich aufgrund dreier Feststellungen, welche wesentlich aus seiner Kopplung von Lebenswelt-Konzept und kommunikativem Handeln resultieren:

7

- Es gibt keine absolute Autonomie der Handelnden. Jede handelnde Person ist in Zusammenhänge und Vorgaben, sozusagen „in Geschichten verstrickt" (S. 224), welche eine vollständige Kontrolle der Situation und der Handlung nicht erlauben.

- Dasselbe gilt auch für die Kultur: Sie beruht ebenfalls auf äußeren Zwängen, wozu auch die „Deutungs-, Wert- und Ausdrucksschemata" der Aktoren gehören, so daß von einer Unabhängigkeit der Kultur nicht gesprochen werden kann.

- Schließlich ist Kommunikation selbst als Medium der Lebenswelt keinesfalls durchsichtig und uneingeschränkt nachvollziehbar. Jegliche Basis könnte in Frage gestellt werden und wäre demnach zunächst durch verständigungsorientierte Kommunikation festzulegen.

Die Möglichkeit, diesen einer Identifizierung von Gesellschaft und Lebenswelt erwachsenden Gefahren zu entgehen, beruht für Habermas darauf, daß angenommen werden kann, daß sich die Integration der Gesellschaft gerade nicht ausschließlich „unter den Prämissen verständigungsorientierten Handelns vollzieht" (S. 225). Gesellschaftliche Integration erfolgt „auch über funktionale Zusammenhänge, die von ihnen [d.h. den Angehörigen einer Lebenswelt, MR] nicht intendiert sind und innerhalb des Horizonts der Alltagspraxis meistens auch nicht wahrgenommen werden". (S. 226) Diese sind zu verstehen als „systemische Mechanismen, die nicht-intendierte Handlungszusammenhänge über die funktionale Vernetzung von Handlungs*folgen* stabilisieren, während der Mechanismus der Verständigung die Handlungs*orientierungen* der Beteiligten aufeinander abstimmt" (S. 226, Hervorhebungen im Original). Der Unterscheidung von Sozial- und Systemintegration entspricht damit auch die Unterscheidung zwischen Lebenswelt und System. Eine Reduktion von Gesellschaft nur auf die Ebene der Sozialintegration / Lebenswelt bringt die bereits ausgeführten Schwierigkeiten mit sich, eine Reduktion auf Systemintegration / System müßte Gesellschaft als Modell eines selbstgesteuerten Systems betrachten, was den Charakter sozialer Systeme als lebender und offener Systeme verneinen würde (S. 227). Dennoch ist die gestellte Aufgabe klar: wie müssen beide Seiten (Habermas spricht von „Begriffsstrategien" (Vgl. S. 228)) - System und Lebenswelt - miteinander verknüpft werden, so daß eine befriedigende Beschreibung der Gesellschaft zum Vorschein kommt. Habermas geht es also offensichtlich um eine Verbindung von Kommunikationstheorie und Systemtheorie, wobei den zugrundeliegenden Bezugspunkt die Handlung (aufgesplittet in ihre Orientierungen und ihre Folgen) darstellt. Provisorisch spricht Habermas daher zunächst von der „Formel, daß Gesellschaften

systemisch stabilisierte Handlungszusammenhänge *sozial integrierter* Gruppen darstellen"
(S. 228).

1.2. „Entkopplung von System und Lebenswelt" als Verlust kommunikativer Rationalität

Habermas beabsichtigt folglich eine Durchdringung bzw. Beschreibung des Zusammenhangs von System und Lebenswelt, wobei ihm - auf seinem handlungstheoretischen Hintergrund logisch nachvollziehbar - klar ist, daß dieser gerade nicht statisch, sondern dynamisch, d.h. als eine Entwicklung, zu betrachten ist: Habermas versteht

> „die soziale Evolution als einen Differenzierungsvorgang zweiter Ordnung: System und Lebenswelt differenzieren sich, indem die Komplexität des einen und die Rationalität der anderen wächst, nicht nur jeweils als System und als Lebenswelt - beide differenzieren sich gleichzeitig auch voneinander. [...] Auf dieser Analyseebene bildet sich die Entkopplung von System und Lebenswelt so ab, daß die Lebenswelt, die mit einem wenig differenzierten Gesellschaftssystem zunächst koextensiv ist, immer mehr zu einem Subsystem neben anderen herabgesetzt wird. Dabei lösen sich die systemischen Mechanismen immer weiter von den sozialen Strukturen ab, über die sich die soziale Integration vollzieht. [...] Gleichzeitig bleibt die Lebenswelt das Subsystem, das den Bestand des Gesellschaftssystems im ganzen definiert. Daher bedürfen die systemischen Mechanismen einer Verankerung in der Lebenswelt - sie müssen institutionalisiert werden." (S. 230)

Dies weist Habermas anhand der Analyse der Evolution von archaischen Stammesgesellschaften zu modernen Gesellschaften detailliert nach, was an dieser Stelle m.E. übersprungen werden kann. Entscheidend ist lediglich, daß Habermas die Mechanismen der Systemdifferenzierung an zwei Formen der Handlungskoordinierung festmacht, nämlich Tausch und Macht, so daß für ihn „die Anstöße für eine Differenzierung des Gesellschaftssystems [...] vom Bereich der materiellen Reproduktion aus[gehen]" (S. 251), wobei zur Lösung der Systemprobleme eine Institutionalisierung der Systemdifferenzierung auf höherem Niveau als unumgänglich angenommen wird. Dazu liegt nahe, Änderungen der Lebenswelt als Folge der zunehmenden Systemkomplexität zu verstehen, sozusagen einer wachsenden Systemdifferenzierung eine schrumpfende Lebenswelt gegenüberzustellen. Demgegenüber beharrt Habermas aber darauf, daß „Komplexitätssteigerungen [...] ihrerseits von der strukturellen

Differenzierung der Lebenswelt abhängig [sind]" (S. 258). Institutionalisierung und damit dauerhafte systemische Differenzierung sind nämlich nur möglich, wenn verständigungsorientiertes Handeln und damit die Integrationsfunktion der Lebenswelt derart sichergestellt sind, daß auch unter der Bedingung verständigungswidriger Systemerfordernisse noch Verständigung möglich bleibt. (Habermas spricht hier vom Versagen der alltags-geregelten Verständigungsmechanismen.) Dies wird für Habermas durch die Entwicklung von Moral und Recht möglich, welche einen Vorgang der Rationalisierung sowie der internen Differenzierung der Lebenswelt beschreiben, (S. 259, 261) nämlich einer Ausdifferenzierung von Persönlichkeitssystem (Moral) und Institutionensystem (Recht, Rechtsverfahren). Daran wird verdeutlicht, daß die Rationalisierung der Lebenswelt ein bestimmtes Niveau erreichen muß, um institutionelle Verankerungen von Systemen und weitere Systemdifferenzierungen zu ermöglichen; zugleich zeitigt dies auch den Effekt, weitergehende Integrationsfunktionen zu erfüllen. (S. 267)

Rationalisierung als Niveau-Verlagerung bedeutet hier, daß die zugrundeliegenden Wertorientierungen zunehmend abstrakter, allgemeiner und formaler gefaßt werden:

„Dieser Trend ergibt sich mit struktureller Notwendigkeit aus einer Rechts- und Moralentwicklung, die eine für den Konfliktfall vorgesehene Konsenssicherung [...] auf immer abstraktere Ebenen verschiebt." (S. 267)

Schließlich reicht in modernen Gesellschaften ein abstrakter Rechtsgehorsam aus, um einen grundlegenden Konsens im Blick auf die zu treffenden Handlungsorientierungen und -koordinierungen herzustellen. Mit der Abstrahierung von Normen geht dann auch ein Strukturwandel der Lebenswelt einher, welcher eine Abkehr von konkreten Verhaltensmustern und eine Zuwendung zu „sprachlichen Konsensbildungsprozesse[n]" bedeutet. Dieser Wechsel von der Normenorientierung zur Verständigungsorientierung legt das im kommunikativen Handeln und in der Lebenswelt vorhandene Rationalitätspotential frei. (S. 268f) Zugleich wird der zunehmende Aufwand an sprachlicher Verständigung im Rahmen der Handlungskoordinierung über neue Entlastungsmechanismen wieder verringert, indem durch (Massen-) Kommunikationsmittel die Verständigung konzentriert oder ersetzt wird. (Vgl. S. 270) Die Entlastung durch Kommunikationsmedien erfolgt insbesondere dadurch, daß diese den Verständigungsdruck vor allem auf problematisierte Lebenswelten abzufedern vermögen, wobei zu unterscheiden ist, ob damit eine zeitliche Raffung des Einigungsprozesses oder eine gänzliche Abkopplung von sprachlicher Konsensbildung ausgelöst wird, was beides möglich ist. Auf jeden Fall gilt:

„Die Umstellung der Handlungskoordinierung von Sprache auf Steuerungsmedien bedeutet eine Abkopplung der Interaktion von lebensweltlichen Kontexten." (S. 273) Wird diese Umgehung der lebensweltlichen Einbettung, die für Verständigungsprozesse konstitutiv ist, ernstgenommen, so bedeutet dies eine Entwertung der Relevanz von Lebenswelt: Damit entstehen gesellschaftliche Subsysteme, für welche „Lebenswelt" lediglich noch als systemexterne Umwelt bestehen bleibt, Habermas spricht von einer „abgedrängten Lebenswelt" (S. 273). Aus der Perspektive der Lebenswelt bedeutet dies aber die Wahrnehmung einer technisierten Lebenswelt; Lebenswelt wird folglich gerade von nicht-lebensweltlichen Strukturen, d.h. systemischen Mechanismen bestimmt. Dieses Phänomen greift Habermas an späterer Stelle mit dem Begriff der „Kolonialisierung der Lebenswelt" erneut auf, um damit die verbleibenden Austauschbeziehungen zwischen System und Lebenswelt nach erfolgter Entkopplung erneut zu bestimmen. (Vgl. S. 470ff)

Zunächst wendet sich Habermas allerdings vertieft dem Phänomen der Entkopplung von System und Lebenswelt zu: Mithilfe der Ausdifferenzierung von Subsystemen „schaffen sich die systemischen Mechanismen ihre eigenen, normfreien, *über die Lebenswelt hinausgehenden Sozialstrukturen* [, welche ...] über die Basisinstitutionen des bürgerlichen Rechts mit der kommunikativen Alltagspraxis rückgekoppelt" bleiben. (S. 275, Hervorhebung nicht im Original). Grundsätzlich kann aufgrund dieser Verhältnisbestimmung die Richtung der Abhängigkeit bzw. Einflußnahme nicht bestimmt werden. Beide Denkmodelle, Einflußnahme der Lebenswelt auf die systemischen Mechanismen sowie Einflußnahme des Systems auf lebensweltliche Mechanismen, seien in der Theoriedebatte vertreten worden. Klassischerweise sei dabei eine harmonisierende Sichtweise gesucht worden. Eine solche weist Habermas an späterer Stelle bei Talcott Parsons nach und problematisiert sie folgendermaßen:

„Die [...] vollzogene *Gleichschaltung der Rationalisierung der Lebenswelt mit Komplexitätssteigerungen des Gesellschaftssystems* verhindert genau die Unterscheidungen, die wir vornehmen müssen, wenn wir die in der Moderne auftretenden Pathologien erfassen wollen. Sozialpathologische Erscheinungen muß Parsons auf systemische Ungleichgewichte reduzieren; dabei geht das Spezifische gesellschaftlicher Krisen verloren." (S. 433, Hervorhebungen im Original)

Demgegenüber sieht Habermas in der Materialismus-Kritik von Marx die Durchbrechung dieser harmonisierenden Perspektive, indem dieser nämlich zeigt, daß „die Gesetze der kapitalistischen Warenproduktion [d.h.: der verselbständigte Systemmechanismus, MR] die latente Funktion haben, eine Klassenstruktur aufrechtzuerhalten, die den bürgerlichen Idealen [d.h.: dem erzielten Einverständnis über die Lebenswelt, MR] Hohn spricht" (S. 276). Habermas sieht die Systemtheorie als eine Art Fortführung dieser Linie, insofern sie davon ausgeht, daß die „Bestanderhaltungsimperative des Gesellschaftssystems ... durch die symbolischen Strukturen der Lebenswelt hindurchgreifen" (S. 276).

Habermas resümiert aus diesen Positionen die Frage,

> „ob nicht die Rationalisierung der Lebenswelt mit dem Übergang zur modernen Gesell-schaft paradox wird: – die rationalisierte Lebenswelt ermöglicht die Entstehung und das Wachstum der Subsysteme, deren verselbständigte Imperative auf sie selbst destruktiv zurückschlagen." (S. 277)

Dieses Phänomen bezeichnet Habermas zunächst als „Mediatisierung der Lebenswelt"[4]; sie erfolgt „an und mit den Strukturen der Lebenswelt" (S. 277), weil sie also nicht innerhalb der Lebenswelt erfolgt, ist sie aus der Innenperspektive - d.h. aus der Lebenswelt selbst heraus - nicht bestimmbar und wahrnehmbar, als Problem der Lebenswelt entzieht sie sich zugleich aber auch der systemtheoretischen Außenperspektive. Die Entkopplung von System und Lebenswelt führt somit zu einem Ungleichgewicht zulasten der Lebenswelt. Habermas faßt dieses Ergebnis auch unter Rückgriff seines Ausgangspunktes und anfänglicher Begriffsklärungen wie folgt zusammen:

> „Sytemintegrative Mechanismen setzen an Handlungseffekten an. Während sie durch die Handlungsorientierungen subjektiv unauffällig hindurchgreifen, können sie die sozial-integrierten Handlungszusammenhänge, die sie parasitär benützen, strukturell unverändert lassen [...] Anders verhält es sich, wenn die Systemintegration in die Formen der sozialen Integration selbst eingreift; auch in diesem Falle handelt es sich um latent bleibende Funktionszusammenhänge, aber die subjektive Unauffälligkeit von systemischen Zwängen, die eine kommunikativ strukturierte Lebenswelt *instrumentalisieren*, gewinnt den Charakter der Täuschung, eines objektiv falschen Bewußtseins. Die Einwirkungen des Systems auf die Lebenswelt, die die Handlungszusammenhänge sozial integrierter Gruppen in ihrer Struktur verändern, müssen verborgen bleiben. Reproduktionszwänge, die eine Lebenswelt instrumentali-sieren, ohne den Schein der Autarkie der Lebenswelt zu beeinträchtigen, müssen sich gleichsam in den Poren des kommunikativen Handelns verstecken. Daraus entsteht eine *strukturelle Gewalt*, die sich, ohne als solche manifest zu werden, der Form der Inter-subjektivität möglicher Verständigung bemächtigt." (S. 278)

---

[4]   wohl zu übersetzen mit: Mittelbare Unterstellung.

„Am Ende verdrängen systemische Mechanismen Formen der sozialen Integration auch in jenen Bereichen, wo die konsensabhängige Handlungkoordinierung nicht substituiert werden kann: also dort, wo die symbolische Reproduktion der Lebenswelt auf dem Spiel steht. Dann nimmt die *Mediatisierung* der Lebenswelt die Gestalt einer *Kolonialisierung* an." (S. 293)